Lb 45/706

RÉFLEXIONS

SUR

LES PASQUINADES

DÉBITÉES

PAR UN CERTAIN JOURNAL,

INTITULÉ LA QUOTIDIENNE,

CONTRE LA LIBERTÉ DE LA PRESSE;

PAR L.-P. SÉTIER FILS (1),

IMPRIMEUR-LIBRAIRE DE PARIS.

La première objection des auteurs de la Quotidienne (2), contre la liberté de la presse, est

---

(1) Cet écrit est le second que je publie sur la liberté de la presse. Je réclame l'indulgence du public en faveur d'une brochure faite avec précipitation, pour la mettre sous les yeux des députés des départemens avant l'ouverture des discussions sur le rapport de la commission.

(2) Quotidienne du 13 juillet 1814.

que nous sommes des enfans en comparaison des Anglais ; qu'il nous faut absolument des Censeurs pour nous conduire par les lisières ; mais si les auteurs français sont des fous et des enfans, pourquoi leur donner des fous et des enfans pour Censeurs ? car il n'est pas vraisemblable qu'ils soient plus raisonnables que leurs compatriotes.

D'après ce raisonnement, les auteurs de la Quotidienne prétendent que nous ne devons pas être libres. Jusqu'à quand verrons-nous des Français dénigrer ainsi leur nation ? Prétendent-ils faire exception ?

Avec quel dédain ils parlent des pamphlets ! Un pamphlet, disent-ils, est un discours sur la borne, et l'on sait que de la borne au ruisseau il n'y a qu'un pas. Et que pensent-ils donc de leurs feuilles Quotidiennes ? les croyent-ils supérieures aux pamphlets, parce qu'ils y mettent quelques platitudes assaisonnées de scandales, pour faire prendre leur journal ? Mais je crois qu'ils auront bien de la peine à y réussir.

L'auteur dit (1) que M. Benjamin de Constant a tort d'écrire que l'on doit permettre les pamphlets, parce qu'ils viendraient de l'étranger. Il ne connaît pas apparemment l'impri-

―――――――――

(1) Dans la Quotidienne du 16 juillet.

merie. La police la plus sévère peut-elle les empêcher ? C'était dans les tems où l'on en punissait le plus sévèrement les auteurs qu'il en paraissait un plus grand nombre. En les permettant, il sera plus facile de connaître les auteurs des libelles et de les punir suivant les lois. En les empêchant, on excitera l'établissement des imprimeries clandestines; et les auteurs, à l'abri des recherches, écriront ce qu'ils n'auraient pas osé avancer publiquement.

On m'objectera que l'on peut rechercher et saisir ces imprimeries clandestines. Quand on en saisirait une, il s'en établirait deux; un Gouvernement, toujours obligé de sévir, serait bien malheureux.

Le vertueux Malesherbes dit à ce sujet qu'il vaut mieux permettre l'impression des livres licentieux, que de favoriser ainsi, par l'attrait du gain, l'établissement des imprimeries clandestines.

Un des auteurs prétend que le Gouvernement pouvait arrêter, en 1788, cette foule de pamphlets et qu'il ne l'a pas fait. Ne sait-on pas que le cardinal de Richelieu voulut arrêter, par des exemples de sévérité, des libelles qui l'attaquaient personnellement, et qu'il ne put empêcher qu'il en parût un plus grand nombre?

Pourquoi vient-il toujours nous parler

de la licence de la presse, au lieu de sa liberté ? Ce n'est point la licence que l'on demande, c'est une sage liberté. Et quel est le moyen d'en réprimer la licence, si ce n'est de poursuivre les auteurs des libelles devant les tribunaux, et de les juger suivant les lois ?

On dirait, en entendant l'auteur de cet article, au sujet de la censure des journaux, qu'il en est pour quelque chose, car il la vante trop. Dès que les journaux sont censurés, le peuple n'y ajoute aucune foi, et croit tout le contraire de ce qu'ils disent, comme il arrivait sous Buonaparte.

L'auteur prétend que la liberté de **la presse** a causé tous nos malheurs, et que c'est elle qui a fait la révolution. La liberté de la presse n'existait pas, elle était dominée par les factieux qui voulaient se rendre maîtres de la France, donc la presse n'était pas libre. Quoi ! on pouvait publier, impunément, des satyres contre le Roi et ses ministres, et on ne pouvait pas écrire en leur faveur sans être inquiété ? c'est réellement une étrange liberté. Si la liberté de la presse avait existé, les honnêtes gens auraient écrit, le Roi n'aurait pas péri avec une partie de sa famille, et le reste n'aurait pas été obligé de se réfugier sur une terre étrangère. Nous n'aurions pas eu ces temps de terreur et d'anarchie, où il suffisait d'être honnête homme pour être suspect et poursuivi comme criminel.

Ecoutons, d'ailleurs, ce que dit Malesherbes (1) : « Ce sont les troubles qui ont amené la licence des écrits, et non les écrits qui ont causé les troubles, puisqu'avant l'art de l'*Imprimerie*, et dans le tems que personne ne savait lire en France, il y avait au moins autant de troubles, de mécontentemens, et plus de révoltes et de guerres civiles.

» Dès qu'il y a eu quelque fermentation dans les esprits, on a écrit contre le Gouvernement, et souvent on a débité des satyres sanglantes, et soutenu des maximes dont les auteurs méritaient le dernier supplice. Les recueils des pièces imprimées dans le tems de la Ligue et lors des guerres de religion en sont des monumens authentiques.

» Le cardinal de Richelieu, qui faisait tout trembler, s'est vu attaquer personnellement dans des libelles. Il en a été furieux. Il a fait punir sévèrement les auteurs quand il a pu les connaître, et n'a pas empêché qu'il n'en parût de nouveaux. Peu après son ministère, on a vu paraître cette nuée de pièces satyriques, aux-

---

(1) Troisième mémoire sur la Librairie, édit. in-8º de 1809, pag. 102.

quelles on a donné le nom générique de *Mazarinades.*

» Depuis la majorité de Louis XIV, on a imprimé à Paris les *Lettres provinciales*, que certainement personne n'aurait osé tolérer sous le prince le plus ennemi de ces sortes d'ouvrages et le mieux obéi, et dans le tems où la police était le plus exactement observée.

» Dans ce règne-ci, nous avons été inondés de brochures sous la régence et lors des affaires du parlement et du clergé en 1731, 1732 et 1733. On se souvient de l'inutilité des efforts de M. Hérault, qui était certainement de bonne foi, pour empêcher les *Nouvelles ecclésiastiques*, et dans le même tems le *Judicium Francorum* a paru sans que les auteurs aient été découverts ni punis.

» La mode de ces libelles est revenue depuis quelques années, et il ne faut pas s'en étonner. Si on n'a que de la rigueur à y opposer, elle sera inutile. Il n'y a encore eu aucun ministère qui ait pu contenir les auteurs ni se rendre maître de la presse ; et cela devient tous les jours plus difficile dans un siècle où tout le monde, jusqu'aux paysans, sait lire, et où chacun se pique de savoir penser. »

L'auteur de la Quotidienne s'étend encore (1)

―――――――――――
(1) Dans le numéro du 19 juillet.

sur le mal qu'a fait la liberté de la presse dans la révolution ; il cite pour exemples *l'Ami du peuple*, *le Père Duchesne*, et de semblables ordures. C'est une erreur, comme je viens de le dire plus haut, car si la presse eût été libre, pourquoi eût-elle prêté de préférence son ministère à Marat et consors, plutôt qu'aux honnêtes citoyens qui auraient défendu la cause du Roi, s'ils n'avaient pas été sous la surveillance de la faction dominante, qui était celle des brigands à qui on ne disait pas impunément des vérités, et qui, d'ailleurs, ont asservi la presse dès qu'ils ont pu le faire impunément.

Le grand nombre de libelles qui ont précédé ces journées désastreuses du 31 mai et du 18 fructidor est une preuve que cette liberté n'existait pas ; car, à ces époques, il ne paraissait publiquement aucun ouvrage pour le Roi ; si elle avait existé, n'aurait-on pas vu éclore des écrits qui auraient montré aux Français l'horreur de leur situation ? Hélas ! s'ils avaient été éclairés, se seraient-ils égorgés pour des mots ? auraient-ils été le jouet des fripons et des scélérats dont ils ont fait justice, aussitôt qu'ils les ont connus, mais malheureusement trop tard ? leur règne aurait été bien court, si les Français avaient été instruits par la liberté de la presse ; et si, en l'enchaînant, on ne leur avait mis un bandeau sur les yeux.

Est-il vrai, comme le dit l'auteur, que c'est parce que le vertueux Malesherbes avait fait des mémoires sur la liberté de la presse, qu'il monta à l'échafaud ? C'est, au contraire, parce qu'elle n'existait pas. Il aurait paru des écrits pour sa défense, et il aurait été sauvé.

M. Benjamin de Constant a raison de dire qu'il faut *permettre* ou *fusiller*; et en supposant qu'on admette une loi aussi sévère que cette dernière, on ne pourrait pas empêcher qu'il ne parût encore des pamphlets.

C'est dans le tems où le directoire exerçait la plus grande tyrannie sur la presse, que nous avons imprimé à Paris le *Mercure britannique*, par Malet-du-Pan, les *Brigands démasqués*, où ils étaient si bien peints, *le Fléau des tyrans et des septembriseurs*, *l'Eloge du gouvernement monarchique*, et tant d'autres ouvrages. Malgré les recherches de leur infernale police, ils n'ont jamais pu les découvrir; et cependant c'était dans une imprimerie publique où ils faisaient des visites tous les huit jours, et les Vérat et consorts étaient certainement de terribles espions. On ne peut comparer des ouvrages qui étaient faits pour le Roi avec ces libelles qui ont paru contre lui, car c'était écrire contre des tyrans pour la bonne cause et non pour mettre le trouble. Mais enfin ce qui a été fait ainsi, ne pourrait-il pas se faire dans une autre intention ? Il vaut donc mieux permettre ce que l'on ne peut empêcher.

Je ne sais pourquoi l'auteur vient toujours nous parler de ses craintes, des dangers que nous courons ; il semblerait que nous sommes à la veille de voir recommencer les massacres et nos malheurs. Pourquoi toujours rappeler des scélératesses qui devraient rester dans l'oubli ?

Dans un autre numéro, un des auteurs fait parler un jeune *légiste* contre M. Duchesne, à qui on ne peut contester son mérite ; il nous remet encore sous les yeux les horreurs de 1789, (c'est toujours son cheval de bataille,) il veut que ce soit la liberté qui ait fait pendre à la lanterne : j'ai assez démontré plus haut que c'est une fausseté, pour être obligé de le répéter encore. Les articles de la Quotidienne se ressemblent, et faute d'avoir de bonnes raisons à dire, les auteurs répètent toujours la même chose.

Il faut être sot ou de mauvaise foi pour dire que la liberté de la presse existait sous le directoire : si elle avait existé, aurions-nous été obligés de nous cacher pour imprimer tous les ouvrages que nous avons mis au jour ? Mon père aurait-il été incarcéré ? Notre associé aurait-il été enfermé dans la même tour que le malheureux

Louis XVI et son auguste famille ? Serait-il mort à la suite de cette captivité ? Il a suffi d'un simple soupçon pour jeter un imprimeur dans les fers, et on prétend que nous avions la liberté de la presse !

Les auteurs de la Quotidienne (1) ne se contentent pas d'écrire contre les partisans de la liberté de la presse. Ils écrivent contre la Constitution, et prétendent qu'on doit *prévenir* les abus et non les *réprimer;* le texte de la Constitution est cependant *réprimer;* ainsi, sous prétexte d'être royalistes, ils attaquent la Constitution, qui est l'ouvrage de notre Roi.

Nous voici arrivés au *fameux* feuilleton de la Quotidienne du 2 août 1814, intitulé : *Conformité d'opinions sur la liberté de la presse entre Marat, Robespierre, St-Just, Brissot*, etc., *et les royalistes constitutionnels de* 1814.

Peut-on voir plus de grossièretés et d'injures que celles qui sont contenues dans ce titre? et ce sont des Censeurs ou leurs adjoints qui se permettent de telles abominations ; ce sont eux qui veulent ressusciter les troubles pour avoir quelques milles livres de rente. Ils voyent avec peine que déjà deux journaux se moquent de leur censure, et ont eu le courage de s'en af-

_____

(1) Dans le numéro du 23 juillet.

franchir. Ils ont peur de perdre leur pouvoir usurpé, et qu'on ne leur dise des vérités; car il n'y a que des coupables qui puissent craindre la liberté de la presse ; l'homme dont la conscience est irréprochable ne craint pas les libelles, et le public impartial leur rend toujours justice.

Et qu'appellent-ils royalistes constitutionnels? des gens probes et honnêtes, avec lesquels ils n'oseraient pas soutenir de comparaison.

Ce feuilleton suffit pour rendre son auteur un objet de mépris ; c'est M. V.... qui a craint de mettre son nom, et qui a préféré paraître sous une fausse lettre initiale, et attaquer ainsi, sous le voile de l'anonyme, des hommes qui, sous tous les rapports, valent mieux que lui.

Verra-t-on sans indignation un lâche anonyme comparer le fameux Malesherbes et MM. Raynouard, Benjamin de Constant et autres, à des monstres, comme Marat, Robespierre et consorts ? Que doit-on attendre de pareils Censeurs ?

Le rédacteur de la séance de la chambre des députés montre beaucoup de mauvaise foi; il morcelle le discours de M. Raynouard, se permet des réflexions indécentes et même outrageantes pour cet Orateur, que je ne connais que de réputation ; mais elle est trop bien établie pour que des insultes aussi grossières puissent lui porter quelques atteintes.

Comment! les auteurs de la Quotidienne blâment la licence de la liberté de la presse, et sont les premiers à en abuser! ils ont tort de parler pour les Censeurs, leurs articles disent assez qu'ils en ont besoin. Ils ne veulent pas qu'on reprenne les ministres, et ils se permettent de censurer un représentant de la Nation, de lui dire des injures, de le comparer, ainsi que ceux qui pensent comme lui, à Robespierre, Marat et autres scélérats hypocrites, qui ont toujours fait le contraire de ce qu'ils ont dit. Ils trouvent ridicule qu'il ait fait l'éloge du vertueux Malesherbes, qui a prouvé par son courage, qu'il était le véritable ami de son Roi. Pourquoi ne l'aiment-ils pas? parce qu'il a écrit contre les Censeurs et qu'ils le sont; parce qu'il a prouvé dans ses mémoires qu'ils étaient INUTILES, et enfin parce que sa conduite est une censure trop amère de la leur; il a sacrifié sa vie pour son Roi, et ces messieurs ne sacrifieront pas leurs appointements pour le bien de la Nation.

Ils se permettent de diviser les Français en factions sous les noms de *royalistes et de royalistes constitutionnels*. Prétendent-ils relever ces bannières sous lesquelles on s'égorgeait autrefois sans s'entendre? Malesherbes était un *royaliste constitutionnel*, et c'était un honnête homme ; il a défendu son Roi. Et si ces Censeurs s'étaient trouvés en pareille circonstances, qu'auraient-ils fait, je le leur demande ? L'auraient-ils défendu au péril de leur vie ? Auraient-ils monté glorieusement à l'échafaud comme ce célèbre Ministre ? Hélas ! qu'aurait-on pu attendre des hommes qui, dans ce moment, ne défendent la censure que dans des vues intéressées.

Quels sont les véritables amis du Roi, de ceux qui lui disent des vérités, ou de ceux qui ne cherchent qu'à le perdre en le flattant, qu'à rallumer les brandons de l'incendie, en nous rappelant toujours ces tems malheureux de notre histoire, dont les pages devraient être arrachées de nos annales, enfin en nous donnant toujours des craintes et en nommant *royalistes constitutionnels* des hommes qui sont les sincères amis du Roi ? Quel pamphlet mérite plus d'être réprimé que le feuilleton de la Quotidienne du 2 août ? C'est le cas de dire qu'il faudrait donner des Censeurs aux Censeurs. Jamais ils ne pourront justifier les abominations qu'ils se sont permises, et les honnêtes gens verront toujours avec mépris des grossièretés aussi scandaleuses.

Je suis royaliste, et ma famille l'a toujours

été. Nous nous sommes ruinés pour le service du Roi; nous avons caché ses serviteurs et couru les plus grands dangers pour faire paraître tous les ouvrages capables de lui ramener les cœurs. Je puis dire avec franchise que je regarde la liberté de la presse comme nécessaire et comme le seul moyen d'établir entre le Roi et ses sujets, cette confiance qui fait la force des royaumes.

Je ne suis point Censeur, et n'ai pas été assez vil pour recevoir 8,000 fr. de rente pour avoir encensé Buonaparte et avoir fait des odes sur la naissance du roi de Rome. Je ne connais pas de vice plus abject que la vénalité.

Le Roi est trop éclairé pour ne pas distinguer ses véritables amis d'avec les flagorneurs, qui ne cherchent que leur propre intérêt et non celui de la nation, dont le sien est inséparable. Je suis persuadé qu'il ne verra dans cet écrit que l'amour d'un de ses plus fidèles sujets, qui l'a servi de tous ses moyens, et qui sacrifierait encore tout pour lui.

FIN.

DE L'IMPRIMERIE DE L.-P. SÉTIER FILS, Cloître St.-Benoit.

www.ingramcontent.com/pod-product-compliance
Lightning Source LLC
Chambersburg PA
CBHW071436060426
42450CB00009BA/2202